S0-BIU-009

LA CUISINE VEGETARIENNE

Bouteille de vin rouge
(fruits sauvages
Rêve de vigne
Cabernet sauvignon
servi chez Ginette Reveillon
du Jour de l'an 07
très bon
achat chez Métro

LA CUISINE VEGETARIENNE

Gründ

TABLE

Texte anglais de Carole Handslip
Adaptation française
de Christine Colinet

© Octopus Books Ltd, 1re édition 1985
et pour la traduction française
© 1986 Gründ, Paris
Pour la présente édition :
© 1988 Gründ, Paris

ISBN : 2-7000-6161-6

Dépôt légal : février 1988
Photocomposition : P.F.C., Dole
Printed by Mandarin Offset in Hong Kong

Garantie de l'éditeur

Pour vous parvenir à son plus juste prix, cet ouvrage a fait l'objet d'un gros tirage. Malgré tous les soins apportés à sa fabrication, il est malheureusement possible qu'il comporte un défaut d'impression ou de façonnage. Dans ce cas, ce livre vous sera échangé sans frais.

Veuillez à cet effet le rapporter au libraire qui vous l'a vendu ou nous écrire à l'adresse ci-dessous en nous précisant la nature du défaut constaté. Dans l'un ou l'autre cas, il sera immédiatement fait droit à votre réclamation.

Librairie Gründ
60, rue Mazarine - 75006 Paris

INTRODUCTION

Un régime végétarien se justifie de plusieurs façons. De nos jours, de plus en plus nombreux sont ceux qui changent leurs habitudes alimentaires, simplement parce qu'ils savent que c'est meilleur pour leur santé. D'où l'intérêt accru pour les aliments végétariens et complets que l'on trouve dans les magasins de diététique.

La plupart des végétariens prennent pour base de leur alimentation des aliments complets, auxquels rien n'a été ajouté, ni retiré. Ils conservent leurs qualités naturelles autant que possible, ne sont ni traités, ni raffinés.

Les lacto-végétariens excluent la consommation de la viande, du poisson et de la volaille. Les végétariens stricts, ou végétaliens, excluent également les produits laitiers.

Peut-être trouverez-vous difficile au début de supprimer la viande, le poisson et la volaille, surtout avant d'avoir acquis le savoir-faire pour la préparation des produits de remplacement. Essayez d'abord d'inclure deux ou trois repas végétariens dans vos menus de la semaine. Quand vous commencerez à trouver du goût à la nourriture végétarienne, vous pourrez peu à peu supprimer davantage de protéines animales.

Les recettes de ce livre s'adressent à ceux qui veulent explorer les délices de la cuisine végétarienne et à ceux qui, déjà végétariens, cherchent des nouvelles idées.

NOTES

Toutes les cuillères sont rases.

Le four doit toujours être préchauffé.

Quand une recette indique du poivre, utilisez du poivre noir fraîchement moulu.

Utilisez dans la mesure du possible des herbes fraîches. Si vous n'en avez pas, remplacez-les par un bouquet garni ou bien par des herbes séchées (en divisant la quantité par deux).

Les ingrédients marqués d'un astérisque sont expliqués dans les pages 8 à 11.

POURQUOI ÊTRE VÉGÉTARIEN ?

C'est une façon plus saine de s'alimenter. Nombre de nos maladies occidentales sont liées à notre alimentation. Trop de graisses animales, de sel, de sucre mènent à une augmentation des maladies cardiaques, du diabète, de l'obésité, alors que d'autres maladies, comme le cancer des intestins, sont directement liées au manque de fibres dans notre alimentation. Il y a également un souci accru devant les effets nocifs des conservateurs, agents de sapidité et colorants.

Une consommation accrue de légumes frais et d'aliments riches en protéines végétales aide à prévenir les maladies des pays « civilisés ».

LES ALIMENTS DE REMPLACEMENT

Le végétarien trouve les protéines essentielles à la santé dans les noix, les graines, les légumineuses et, à un degré moindre, dans les céréales complètes. Ces aliments contiennent aussi des fibres qui jouent un rôle essentiel dans la façon dont le corps traite les aliments absorbés, mais ils ne contiennent pas de pernicieuses graisses animales saturées.

Les recettes végétariennes ne requièrent pas forcément l'emploi d'aliments complets, mais dans ce livre ceux-ci sont utilisés de préférence aux aliments traités.

Quand vous adoptez ce type d'alimentation, vous devez assurer un équilibre convenable à votre régime. Il y a quatre groupes principaux d'aliments dans un régime végétarien : les haricots, les noix et les graines ; les céréales ; les produits laitiers ; les fruits et les légumes. Si vous consommez un des éléments de chaque groupe quotidiennement, vous êtes assuré d'ingérer les éléments nutritifs indispensables à votre santé.

L'ORGANISATION DES REPAS

Se mettre à un nouveau style d'alimentation signifie inévitablement passer plus de temps à organiser et préparer les repas. Il vous faudra un peu de temps pour vous habituer à de nouvelles méthodes et pour savoir quels aliments se combinent le mieux.

Essayez d'inclure un plat de céréales, de haricots ou de légumineuses différents aussi souvent que possible, afin de découvrir de nouvelles combinaisons de saveur et de texture. La cuisine végétarienne est riche et variée, avec des plats merveilleux aux caractéristiques définies. Elle comprend de nombreuses préparations étrangères. Les lignes de conduite ci-dessous vous aideront :

• Utilisez de la farine complète, des pâtes à la farine complète et du riz brun, qui ont tous un goût plus prononcé que leurs équivalents blanchis.

• La chapelure, de pain complet de préférence, est utilisée dans de nombreuses recettes ; il est bon d'en avoir une réserve au congélateur pour pouvoir l'utiliser à tout moment.

• Les légumes secs de la famille des fèves et des haricots sont fréquemment utilisés ; cuisinez-les donc en grandes quantités, et congelez-les en petites portions.

• Gardez toujours l'eau dans laquelle vous avez fait bouillir les légumes pour l'utiliser en fond de sauce. Pour plus de saveur, employez du shoyu (voir page 11) ou des concentrés de légumes.

INGRÉDIENTS

Céréales

Elles constituent la base de l'alimentation dans le monde entier :
froment, riz, orge, avoine, millet, seigle et maïs sont les plus im-
portantes. Complètes et non raffinées, elles fournissent des fibres,
ainsi que des protéines, du fer, du calcium, du phosphore et du
potassium.

Farine de sarrasin ou de blé noir

Elle provient de la graine d'une plante herbacée ; elle est riche en
fer et en protéines. On la trouve sous forme de farine, de gruau ou
grillée dans les magasins de diététique, sous le nom de kasha.

Fromage

La plupart des fromages durs se font avec de la présure animale,
mais un certain nombre de fromages végétariens se trouvent mainte-
nant dans le commerce. De nombreux fromages plus tendres comme
le fromage blanc, la ricotta, la feta, sont fabriqués sans présure.

Fruits secs

Ils apportent des protéines, du fer, du calcium, des vitamines A et
plusieurs vitamines du groupe B. De nombreux fruits secs comme
les abricots, les poires, les pêches, les pommes, sont traités au
dioxyde de soufre pour leur conserver leur couleur. Pour retirer ce
produit, faites bouillir les fruits dans de l'eau 1 minute et jetez l'eau.

La plupart des fruits secs sont traités avec un conservateur qui leur donne une apparence d'humidité ; retirez ce produit en lavant les fruits à l'eau chaude. On trouve des fruits secs non traités dans le commerce, mais évidemment à un prix plus élevé.

Haricots
Ils contiennent en abondance des protéines, du fer, du potassium et sont une excellente source de fibres végétales. Il existe un grand nombre de variétés de pois, haricots et fèves qui peuvent tous être mis à germer.

Tous les haricots doivent être trempés, égouttés et bouillir 10 minutes en début de cuisson.

Huiles et matières grasses
Les huiles sont essentielles à notre alimentation, car elles contiennent de la lécithine, des vitamines A, E et K, et des minéraux. On peut diviser les huiles et matières grasses en trois catégories : saturées, mono-insaturées et poly-insaturées. Les graisses d'origine animale, solides à température ambiante, ont un taux élevé de graisses saturées. Leur consommation excessive est liée aux maladies cardiaques. La plupart des huiles végétales sont riches en huiles

CI-DESSUS *Haricots rouges, cornilles, pois chiche, haricots noirs, cocos, sarrasin, farine de sarrasin, ricotta, fromage de chèvre.*
CI-DESSOUS *Pruneaux, pommes séchées, abricots secs, figues, orge complet, flocons d'avoine, boulgour, farine complète, lentilles vertes.*

poly-insaturées. Elles tendent à abaisser le taux de cholestérol dans le sang. Les huiles poly-insaturées comprennent : l'huile de carthame, de tournesol, de sésame et de maïs. L'huile d'olive, mono-insaturée, peut être considérée comme neutre. La margarine contient moins de 50 % de graisses saturées. Elle est à préférer au beurre qui contient seulement 3 % de poly-insaturés.

Légumes marins
Les algues, riches en vitamines, essentiellement amino-acides, et en iodine, sont d'un usage ancien. Les variétés les plus courantes sont : arame, kombu, wakame, dulse, nori. L'agar-agar, qui provient de plusieurs algues différentes, sert de succédané à la gélatine animale.

Lentilles
Elles sont cultivées depuis des temps très anciens. Parmi les nombreuses variétés, les plus courantes sont les lentilles vertes et les lentilles blondes. Elles ne nécessitent pas de trempage avant cuisson, quoique celui-ci permette une cuisson plus rapide. Les lentilles corail sont dépouillées de leur enveloppe, elles ont donc perdu une partie de leur fibres.

Noix et graines
Riches en protéines et en vitamines B, ainsi qu'en sels minéraux, elles contiennent aussi beaucoup de graisses riches en acide linoléique.

Sauce soja/shoyu
Naturellement fermentée la sauce soja, faite à partir de haricots de soja, avec du froment ou de l'orge, est connue sous le nom de shoyu. La sauce soja industrielle contient généralement du sucre et d'autres

additifs. Le shoyu apporte une saveur excellente aux soupes, râgouts et sauces ; comme il est lui-même salé, diminuez la quantité de sel. Vous pouvez le remplacer par de la sauce soja, mais le goût sera différent.

Sel de sésame
Le sel de sésame, ou gomasio, est un bon remplaçant du sel. On le trouve dans les magasins de diététique.

Tahini
C'est une pâte de graines de sésame très utilisée au Moyen-Orient. Elle donnera du goût à vos sauces et peut servir de liant.

Tofu
C'est une pâte de haricots de soja. Sa teneur en protéines élevées en fait un substitut nourrissant pour la viande, le poisson et les produits laitiers. Il est riche en fer, en calcium et en vitamines B. C'est un ingrédient aux multiples usages : on peut le faire revenir, frire ou mariner, l'ajouter aux sauces et aux assaisonnements. On le trouve dans les magasins de diététique.

Yaourt
C'est un produit laitier fermenté, très fragile à digérer, surtout le yaourt au lait de chèvre.

CI-DESSUS *Noix du Brésil, noix, noisettes, noix de cajou, graines de potiron, graines de sésame grillées, noix mélangées, huile de carthame, huile de maïs, huile d'olive, sel de sésame, graines de sésame.*
CI-DESSOUS *Wakame, nori, arame, sauce soja, tahini, tofu, yaourt.*

SOUPES ET ENTRÉES

Soupe glacée des Balkans

300 g de yaourt nature
15 cl de jus de tomate
30 cl de lait
1 gousse d'ail écrasée
1 petit concombre pelé et
   coupé en cubes
2 cuillères à soupe de
   menthe hachée
sel et poivre
menthe pour décorer

Mélangez dans une jatte le yaourt et le jus de tomate. Ajoutez le lait, l'ail, le concombre, la menthe, salez, poivrez. Mettez 2 heures au réfrigérateur.

   Versez dans une soupière et décorez avec la menthe.

Pour 4 personnes

Soupe de marrons

1 cuillère à soupe d'huile
1 oignon haché
2 branches de céleri
   hachées
60 cl d'eau
1 bouquet garni
sel et poivre
1 boîte (430 g) de purée
   de marrons
30 cl de lait
1 cuillère à café de jus de
   citron
POUR SERVIR :
4 cuillères à soupe de
   yaourt
1 cuillère à soupe de
   persil haché

Faites chauffer l'huile dans une casserole, ajoutez et faites revenir l'oignon. Ajoutez le céleri, l'eau, le bouquet garni, salez, poivrez, couvrez et laissez frémir 20 minutes. Ajoutez la purée de marrons, le lait et laissez frémir 10 minutes. Retirez le bouquet garni.

Laissez refroidir légèrement et passez le tout au mixeur. Ajoutez le jus de citron. Faites réchauffer dans la casserole. Versez dans une soupière et ajoutez le yaourt en spirale à la surface. Saupoudrez de persil.

Pour 6 personnes

Soupe de lentilles

2 cuillères à soupe
   d'huile
1 oignon haché
3 branches de céleri
   hachées
1 gousse d'ail écrasée
175 g de lentilles corail
1 l d'eau
1 bouquet garni
sel et poivre

Faites chauffer l'huile dans une grande
casserole et faites revenir l'oignon.
Ajoutez le reste des ingrédients, portez
à ébullition, couvrez et laissez frémir
35 minutes, en tournant de temps en
temps.
Rectifiez l'assaisonnement, retirez le
bouquet garni et servez dans une
soupière.
Pour 6 personnes

Minestrone

2 cuillères à soupe
  d'huile
2 oignons hachés
2 carottes hachées
3 branches de céleri
  hachées
1 poireau haché
2 gousses d'ail écrasées
125 g de chou vert
  émincé
1 bouquet garni
2 l d'eau
4 cuillères à soupe de
  concentré de tomates
4 tomates pelées et
  hachées
2 cuillères à soupe de
  persil haché
25 g de pâtes à la farine
  entière
sel et poivre
POUR SERVIR :
parmesan râpé

Faites chauffer l'huile dans une grande casserole, ajoutez et faites revenir l'oignon. Ajoutez les carottes, le céleri, le poireau, l'ail, couvrez et laissez cuire doucement 10 minutes. Ajoutez le reste des ingrédients, portez à ébullition, couvrez et laissez frémir doucement 30 à 40 minutes ; les légumes doivent être tendres. Retirez le bouquet garni.

Servez dans une soupière avec du parmesan.

Pour 8 personnes

Bouillon d'orge

40 g d'orge complet
2 cuillères à soupe
  d'huile
1 oignon haché
2 branches de céleri
  hachées
3 carottes émincées
2 gousses d'ail écrasées
1 navet haché
75 g de haricots verts
  effilés
1 bouquet garni
1,5 l d'eau
1 cuillère à soupe de
  shoyu *
sel et poivre
4 tomates pelées et
  hachées
2 cuillères à soupe de
  persil haché

Couvrez l'orge d'eau et laissez tremper 1 heure. Égouttez-le et laissez-le de côté.

Faites chauffer l'huile dans une poêle, faites revenir l'oignon. Ajoutez le céleri, les carottes, l'ail, le navet, couvrez et laissez cuire doucement 10 minutes, en secouant de temps en temps.

Ajoutez l'orge, les haricots verts, le bouquet garni, l'eau, le shoyu, salez, poivrez, couvrez et laissez frémir 45 minutes.

Ajoutez les tomates, le persil et laissez cuire encore 10 minutes. Rectifiez l'assaisonnement et retirez le bouquet garni. Servez dans une soupière.

Pour 6 à 8 personnes

NOTE : l'orge complet est l'équivalent diététique de l'orge perlé, car il n'est pas décortiqué.

Soupe de pois cassés

1 cuillère à soupe d'huile
1 oignon haché
1 gousse d'ail écrasée
2 branches de céleri
    hachées
250 g de pois cassés
    ayant trempé toute
    une nuit
1,5 l d'eau
1 bouquet garni
sel et poivre
menthe pour décorer

Faites chauffer l'huile dans une casserole, ajoutez et faites revenir l'oignon. Ajoutez l'ail, le céleri et laissez cuire 5 minutes, en tournant de temps en temps.

Égouttez les pois, mettez-les dans la casserole avec le reste des ingrédients, couvrez et laissez bouillir rapidement 10 minutes, puis laissez cuire à petits frémissements 2 à 3 heures. Retirez le bouquet garni.

Laissez refroidir légèrement et passez la moitié de la soupe au mixeur. Versez dans la casserole et passez le reste au mixeur. Faites réchauffer la soupe, en lui ajoutant un peu d'eau si elle est trop épaisse. Servez dans une soupière, décoré de menthe.

Pour 4 à 6 personnes

Soupe de haricots

*250 g de soissons ayant
    trempé toute une nuit*
1 l d'eau
sel et poivre
*2 cuillères à soupe
    d'huile d'olive*
1 gros oignon haché
*2 branches de céleri
    hachées*
2 gousses d'ail écrasées
*2 cuillères à soupe de
    persil haché*

Égouttez les haricots et mettez-les dans une casserole avec l'eau. Couvrez, portez à ébullition et laissez frémir 1 h à 1 h 30, en ajoutant un peu de sel en fin de cuisson. Égouttez les haricots et mettez de côté le liquide de cuisson.

Faites chauffer l'huile dans une casserole, ajoutez et faites revenir 5 minutes l'oignon, le céleri et l'ail.

Passez au mixeur la moitié des haricots avec 50 cl du liquide de cuisson. Mélangez cette purée avec l'oignon, le céleri, l'ail, le reste des haricots et portez à ébullition. Salez, poivrez et laissez cuire 30 minutes.

Servez dans une soupière et saupoudrez de persil.
Pour 4 à 6 personnes

Avocats aux framboises

2 avocats coupés en
    deux et dénoyautés
1 cuillère à soupe de jus
    de citron
125 g de framboises
2 cuillères à soupe
    d'huile d'olive
1 cuillère à soupe de
    vinaigre de vin
sel et poivre
fenouil pour décorer

Pelez les avocats et mettez-les sur un plat, face coupée sur le plat. Coupez-les en lamelles et décalez-les légèrement. Badigeonnez de jus de citron.

Passez les framboises au tamis, puis mélangez-les avec l'huile, le vinaigre, salez, poivrez. Disposez autour des avocats. Décorez avec le fenouil et servez.

Pour 4 personnes

Champignons farcis

500 g de champignons
    de Paris
2 cuillères à soupe
    d'huile
2 gousses d'ail écrasées
2 cuillères à soupe de
    ciboulette et persil
    hachés
1 jaune d'œuf
2 cuillères à soupe de
    crème fraîche
50 g de chapelure de
    pain complet
1/2 cuillère à café de
    thym
sel et poivre
SAUCE :
25 g de margarine
25 g de farine complète
30 cl de lait
50 g de gruyère râpé
POUR TERMINER :
1 cuillère à soupe de
    parmesan râpé
1 cuillère à soupe de
    chapelure de pain
    complet grillée
branches de thym pour
    décorer

Retirez la queue de 16 champignons. Faites chauffer l'huile dans une poêle et faites revenir les 16 têtes de champignons 2 minutes. Répartissez-les dans 4 plats à four individuels, la partie arrondie sur le fond du plat.

Hachez les queues et le reste des champignons, puis mélangez-les avec le reste des ingrédients. Répartissez dans les têtes.

Pour la sauce, faites fondre la margarine dans une petite casserole, ajoutez et tournez la farine. Retirez du feu, incorporez le lait, puis laissez épaissir à feu doux, salez, poivrez. Ajoutez le gruyère et versez sur les champignons.

Mélangez le parmesan et la chapelure, et répartissez sur les plats. Faites cuire 20 minutes au four (180°). Décorez de thym.

Pour 4 personnes

Falafel

250 g de pois chiche
ayant trempé toute
une nuit
4 ciboules hachées
2 gousses d'ail écrasées
3 cuillères à soupe d'eau
4 brins de persil
1/2 cuillère à café de
cumin moulu
1 cuillère à café de
coriandre moulue
sel et poivre
huile à friture

Égouttez les pois chiche et passez-les au mixeur avec les ciboules, l'ail, l'eau et le persil. Travaillez bien pour obtenir une purée. Ajoutez le reste des ingrédients, mettez dans une jatte et laissez ainsi 1 à 2 heures.

Séparez le mélange en boulettes de la taille d'une noix, aplatissez-les légèrement et plongez-les 4 minutes dans de l'huile à friture bien chaude. Égouttez-les. Servez avec une sauce piquante (voir page 93).

Pour 6 personnes

Baba ghanoush

Ce plat est très populaire au Moyen-Orient. Si possible, faites griller les aubergines sur un barbecue, cela leur donnera un goût plus prononcé qui se mélangera bien avec celui du tahini.

2 grosses aubergines
2 gousses d'ail écrasées
4 cuillères à soupe de
tahini* (voir note)
le jus de 1 citron
1/2 cuillère à café de
cumin moulu
2 cuillères à soupe de
persil haché
sel et poivre
POUR DÉCORER :
2 olives noires coupées
en deux et
dénoyautées

Piquez les aubergines avec une fourchette, coupez-les en deux et posez la partie coupée sur une grille. Passez-les sous le gril jusqu'à ce que leur peau se boursoufle et que la chair devienne tendre. Pelez-les et pressez-les pour retirer un maximum de jus.

Passez la chair au mixeur avec l'ail, en ajoutant au fur et à mesure le tahini et le jus de citron. Versez dans une jatte et ajoutez le reste des ingrédients. Disposez sur un plat de service, décorez avec les olives.

Pour 6 personnes

Artichauts à la mayonnaise

4 artichauts
sel
5 cuillères à soupe de
    mayonnaise aux
    herbes (voir page 92)
4 cuillères à soupe de
    fromage blanc

Coupez le bout des feuilles et les queues des artichauts.

Faites-les cuire 35 à 45 minutes dans une grande casserole d'eau salée. Laissez-les égoutter dans une passoire.

Écartez les feuilles extérieures pour pouvoir retirer les feuilles centrales violettes, ainsi que le foin.

Mélangez la mayonnaise avec le fromage blanc et répartissez au centre de chaque artichaut. Posez-les sur des assiettes et servez aussitôt.

Pour 4 personnes

Crudités sauce cacahuète

2 cuillères à soupe
    d'huile de tournesol
1 oignon haché
2 gousses d'ail écrasées
1/2 cuillère à café de
    piment de Cayenne
1 cuillère à café de
    cumin moulu
1 cuillère à café de
    coriandre moulue
6 cuillères à soupe de
    beurre de cacahuètes
10 cl d'eau
1 cuillère à café de
    shoyu*
1 cuillère à café de jus de
    citron
chou-fleur, radis,
    poivron rouge, céleri,
    carottes

Faites chauffer l'huile dans une casserole, ajoutez et faites revenir l'oignon. Ajoutez l'ail, les épices et tournez 1 minute. Incorporez le beurre de cacahuètes, puis l'eau peu à peu. Ajoutez le shoyu, le jus de citron et laissez refroidir.

Séparez le chou-fleur en bouquets, évidez le poivron et coupez les légumes en fins morceaux.

Versez la sauce dans une petite jatte, au centre d'un plateau, et entourez-la des légumes.

Pour 6 personnes

Hoummos

*250 g de pois chiche
ayant trempé toute
une nuit
15 cl de tahini*
3 gousses d'ail
le jus de 1-2 citrons
sel et poivre*
POUR TERMINER :
*1 cuillère à soupe d'huile
d'olive mélangée avec
1 cuillère à café de
paprika
1 cuillère à café de persil
haché*

Égouttez les pois chiche, mettez-les dans une casserole et couvrez-les d'eau. Portez à ébullition, couvrez et laissez bouillir 10 minutes, puis frémir 1h30 à 2 heures ; ils doivent être tendres. Égouttez-les et mettez de côté 30 cl du liquide de cuisson.

Passez les pois chiche au mixeur, puis mélangez avec le reste des ingrédients ; ajoutez le liquide de cuisson en quantité suffisante pour obtenir une pâte crémeuse.

Disposez sur un plat de service, arrosez d'huile et saupoudrez de persil. Servez avec du pain pitta.

Pour 8 à 10 personnes

Flageolets en vinaigrette

*250 g de flageolets ayant
trempé toute une nuit
sel
6 cuillères à soupe de
vinaigrette (page 92)
1 poivron rouge évidé et
coupé fin
4 ciboules hachées
1 cuillère à soupe de
persil et thym hachés
2 branches de céleri
coupées fin*

Égouttez les haricots, mettez-les dans une casserole et couvrez-les d'eau. Portez à ébullition et laissez bouillir 10 minutes. Couvrez et laissez frémir 1 heure. Salez en fin de cuisson. Égouttez et mettez dans une jatte.

Versez dessus la vinaigrette pendant qu'ils sont encore chauds et tournez bien. Laissez refroidir, puis ajoutez le reste des ingrédients. Mélangez le tout avant de servir.

Pour 4 personnes

Tzatsiki

*500 g de yaourt nature
1 concombre pelé et râpé
3 gousses d'ail écrasées
sel et poivre
1 cuillère à soupe de
menthe hachée*

Battez le yaourt, ajoutez le concombre, l'ail, salez, poivrez. Laissez 2 heures au frais et servez dans une jatte, saupoudré de menthe. Accompagnez de pain pitta.

Pour 6 personnes

SALADES

Salade de chou

250 g de chou blanc
* émincé*
3 branches de céleri
* hachées*
3 pommes rouges
* évidées et émincées*
4 ciboules hachées
50 g de noix de cajou
2 cuillères à soupe de
* persil haché*
15 cl de mayonnaise
2 cuillères à soupe de
* yaourt nature*

Mettez dans une jatte le chou, le céleri, les pommes, les ciboules, les noix de cajou et le persil.

Mélangez la mayonnaise et le yaourt, puis versez dans la jatte et mélangez bien. Servez dans un saladier.

Pour 6 à 8 personnes

Salade de haricots rouges

175 g de haricots rouges
    ayant trempé toute
    une nuit
sel
125 g de champignons
    de Paris émincés
6 cuillères à soupe de
    vinaigrette (page 92)
250 g de germes de
    haricots
1 poivron rouge émincé
2 cuillères à soupe de
    graines de tournesol
    grillées
2 cuillères à soupe de
    persil haché

Égouttez les haricots, mettez-les dans une casserole et couvrez-les d'eau. Portez à ébullition, couvrez, laissez bouillir 10 minutes, puis frémir 45 minutes à 1 heure ; salez en fin de cuisson.

Égouttez-les et mélangez-les dans une jatte avec les champignons. Versez dessus la vinaigrette et tournez. Laissez refroidir.

Ajoutez et tournez le reste des ingrédients.

Pour 6 personnes

Salade de céleri

500 g de céleri-rave
6 cuillères à soupe de
    vinaigrette (page 92)
2 œufs durs
1 cuillère à soupe de
    persil haché

Râpez fin le céleri et mettez-le dans une jatte. Mélangez-le avec la vinaigrette et laissez 1 heure.

Coupez fin le blanc d'œuf et mélangez-le avec le céleri. Disposez dans un plat et saupoudrez des jaunes d'œufs écrasés et de persil.

Pour 4 personnes

Salade d'endives

3 endives
2 oranges
1 botte de cresson
    épluchée
25 g de graines de
    sésame grillées
4 cuillères à soupe
    d'huile d'olive
1 cuillère à soupe de jus
    de citron
sel et poivre

Émincez les endives dans un saladier. Pelez les oranges et séparez-les en quartiers au-dessus du saladier pour ne pas perdre de jus.

Ajoutez le cresson et les graines de sésame, et tournez.

Fouettez ensemble l'huile, le jus de citron, salez, poivrez, versez dans le saladier et tournez.

Pour 4 à 6 personnes

Salade de chou-fleur

500 g de bouquets de
    chou-fleur
sel
1 botte de cresson
    alénois
25 g de graines de
    citrouille
4 cuillères à soupe de
    vinaigrette (page 92)

Faites cuire le chou-fleur à l'eau bouillante salée 1 minute ; égouttez-le et laissez-le refroidir. Mélangez-le dans un plat creux avec le reste des ingrédients.

Pour 4 personnes

Salade verte et rouge

250 g de laitue émincée
4 cuillères à soupe de
* sauce au shoyu*
* (page 92)*
3 branches de céleri
* hachées*
4 ciboules hachées
1 poivron rouge en dés

Faites mariner la salade avec la sauce au shoyu dans un saladier 1 heure. Ajoutez et mélangez le reste des ingrédients.

Pour 4 à 6 personnes

Topinambours vinaigrette

500 g de topinambours
4 cuillères à soupe de
* vinaigrette (page 92)*
1 cuillère à soupe de
* persil haché*
1 cuillère à soupe de
* graines de citrouille*
1 cuillère à café de jus de
* citron*

Râpez grossièrement les topinambours et mélangez-les dans une jatte avec le reste des ingrédients. Laissez ainsi 1 heure. Servez dans un plat creux.

Pour 4 à 6 personnes

Salade de tomates au yaourt

300 g de yaourt nature
2 cuillères à soupe de
    basilic haché
sel et poivre
500 g de tomates pelées
    et coupées en
    quartiers

Mélangez dans une jatte le yaourt, le basilic, salez, poivrez. Ajoutez et mélangez les tomates, puis disposez le tout dans un plat creux.

Laissez environ 30 minutes au frais avant de servir.

Pour 4 à 6 personnes

Variante : vous pouvez remplacer le basilic par 1 cuillère à soupe de coriandre hachée. Cette salade accompagnera bien des plats très épicés.

Taboulé

75 g de boulgour
1 tasse de persil haché
3 cuillères à soupe de
  menthe hachée
4 ciboules hachées
1/2 concombre en petits
  dés
2 cuillères à soupe
  d'huile d'olive
le jus de 1 citron
sel et poivre

Faites tremper le boulgour 1 heure dans de l'eau froide. Mettez-le dans une mousseline et pressez pour retirer le maximum d'eau.

Mettez-le dans une jatte, ajoutez le reste des ingrédients et mélangez bien avant de servir dans un plat creux.

Pour 4 personnes

Salade de haricots

250 g de haricots aduki
  ayant trempé toute
  une nuit
sel et poivre
5 cuillères à soupe de
  sauce au gingembre
  (page 92)
5 ciboules hachées
4 tomates pelées et
  hachées
3 branches de céleri
  hachées
2 cuillères à soupe de
  persil haché

Égouttez les haricots et plongez-les 10 minutes dans de l'eau bouillante salée. Couvrez et laissez cuire 30 à 35 minutes. Égouttez-les et mélangez-les avec la sauce pendant qu'ils sont chauds. Laissez refroidir.

Ajoutez le reste des ingrédients, tournez bien avant de servir dans un plat creux.

Pour 6 personnes

NOTES : si vous ne trouvez pas de haricots aduki, remplacez-les par des haricots rouges.

Salade de kasha

75 g de kasha grillé
sel
4 cuillères à soupe de
  sauce au gingembre
  (page 92)
200 g de maïs en grains,
  égoutté
1 poivron vert haché
3 tomates pelées et
  hachées
2 cuillères à soupe de
  persil haché
25 g de graines de
  tournesol grillées

Plongez le kasha dans une casserole d'eau bouillante salée, couvrez et laissez frémir 15 minutes. Égouttez, puis mélangez dans une jatte avec la sauce.

Ajoutez le reste des ingrédients et mélangez bien. Servez dans un plat creux.

Pour 4 personnes

Salade de pommes de terre aux œufs

500 g de pommes de
terre
sel
2 cuillères à soupe de
vinaigrette (page 92)
4 ciboules hachées
4 œufs durs hachés
2 cornichons hachés
3 cuillères à soupe de
mayonnaise
3 cuillères à soupe de
yaourt nature
brins de fenouil hachés
pour décorer

Faites cuire les pommes de terre dans
leur peau à l'eau bouillante salée.
Quand elles sont tendres, épluchez-les,
coupez-les et mettez-les dans une jatte.
Incorporez la vinaigrette et laissez
refroidir. Ajoutez les ciboules, les œufs
et les cornichons.

Mélangez la mayonnaise et le yaourt,
incorporez à la salade. Disposez dans
un plat creux et décorez avec le fenouil
Pour 4 personnes

Variante : remplacez les œufs durs par
125 g de betteraves rouges en dés.

Salade de pommes de terre

500 g de pommes de
    terre nouvelles
sel
3 cuillères à soupe de
    vinaigrette (page 92)
3 cuillères à soupe de
    menthe hachée
1 botte de radis coupés
    en rondelles

Faites cuire les pommes de terre dans
leur peau à l'eau bouillante salée.
Quand elles sont tendres, épluchez-les
et mélangez-les avec la vinaigrette, puis
laissez refroidir.

Ajoutez la menthe, les radis, et
mélangez bien. Servez dans un saladier.
Pour 4 personnes

Variante : remplacez la menthe et les
radis par 6 ciboules hachées.

Salade de riz brun aux noisettes

175 g de riz brun
sel
75 g de noisettes hachées
    et grillées
1 poivron rouge haché
6 ciboules hachées
3 branches de céleri
    hachées
50 g de petits
    champignons de Paris
    émincés
6 cuillères à soupe de
    vinaigrette (page 92)
3 cuillères à soupe de
    persil haché

Faites cuire le riz à l'eau bouillante salée 30 à 40 minutes. Rincez-le et égouttez-le.

Mélangez-le dans une jatte avec le reste des ingrédients. Servez dans un plat creux.

Pour 6 à 8 personnes

Salade de boulgour

75 g de boulgour
4 tomates pelées et
    hachées
50 g d'olives noires
    dénoyautées
1 branche de céleri
    hachée
4 ciboules hachées
2 cuillères à soupe de
    persil haché
2 cuillères à soupe de
    graines de tournesol
    grillées
3 cuillères à soupe de
    vinaigrette (page 92)

Faites tremper le boulgour 1 heure dans de l'eau froide. Mettez-le dans une mousseline et pressez pour retirer le maximum d'eau.

Mélangez-le dans un plat creux avec les olives coupées en deux et le reste des ingrédients.

Pour 4 personnes

Salade de blé

250 g de blé ayant
    trempé toute une nuit
sel
6 cuillères à soupe de
    sauce au shoyu
    (page 92)
1 poivron rouge haché
50 g de raisins secs
2 branches de céleri
    hachées
2 cuillères à soupe de
    persil haché

Égouttez le blé, mettez-le dans une casserole, couvrez-le d'eau légèrement salée, portez à ébullition et laissez frémir 1 h à 1 h 30 ; égouttez-le bien. Mélangez-le avec la sauce et laissez refroidir.

Incorporez le reste des ingrédients et servez dans un plat creux.

Pour 4 à 6 personnes

LÉGUMES

Risotto aux légumes

4 cuillères à soupe
   d'huile
1 oignon haché
175 g de riz brun
3 gousses d'ail écrasées
50 cl d'eau = 1 1/2 tasse
1 cuillère à café de sel
2 branches de céleri
   hachées
1 poivron rouge émincé
250 g de champignons
   de Paris émincés
1 boîte (425 g) de
   haricots rouges,
   égouttés
3 cuillères à soupe de
   persil haché
1 cuillère à soupe de
   shoyu*
50 g de noix de cajou
persil haché pour
   décorer

Faites chauffer 2 cuillères à soupe
d'huile dans une casserole, ajoutez et
faites revenir l'oignon. Ajoutez le riz,
2 gousses d'ail et tournez 2 minutes.
Ajoutez l'eau, le sel, portez à ébullition,
tout en tournant. Couvrez et laissez
frémir 30 à 40 minutes ; l'eau doit être
absorbée.

Faites chauffer le reste d'huile dans
une poêle, ajoutez et faites revenir
5 minutes le céleri et le poivron. Ajoutez
les champignons, le reste d'ail et laissez
revenir 3 minutes.

Ajoutez et mélangez le riz, les
haricots, le persil, le shoyu et les noix de
cajou. Décorez avec du persil.

Pour 4 personnes

Tian

3 cuillères à soupe
    d'huile d'olive
1 oignon haché
2 gousses d'ail écrasées
500 g de courgettes
    hachées
250 g d'épinards cuits
    hachés
4 cuillères à soupe de riz
    brun cuit
3 œufs battus
50 g de gruyère râpé
sel et poivre
1 cuillère à soupe de
    chapelure complète
1 cuillère à soupe de
    parmesan râpé

Faites chauffer l'huile dans une poêle, ajoutez et faites revenir l'oignon. Ajoutez l'ail, les courgettes et laissez revenir 5 minutes, en tournant de temps en temps. Ajoutez les épinards, le riz, les œufs, le gruyère, salez, poivrez et mélangez bien.

Versez dans un moule à gratin en terre beurré, saupoudrez de chapelure et de parmesan.

Faites cuire 35 minutes au four (180°).

Accompagnez d'une salade verte et de pain complet.

Pour 4 personnes

Légumes frits au tofu

3 cuillères à soupe de
  shoyu*
3 cuillères à soupe de vin
  blanc sec
1 cm de gingembre pelé
  et coupé fin
2 gousses d'ail écrasées
250 g de tofu* ferme
2 cuillères à soupe
  d'huile de sésame
1 gros oignon coupé en
  rondelles
175 g de mange-tout
  coupés en deux
1 poivron rouge émincé
175 g de champignons
  de Paris émincés
500 g de germes de
  haricots
2 cuillères à soupe de
  graines de sésame
  grillées

Mélangez dans une jatte le shoyu, le vin blanc, le gingembre et l'ail. Ajoutez le tofu coupé en cubes et tournez. Laissez mariner 1 heure, puis mettez de côté le jus de la marinade.

Faites chauffer l'huile dans un grand wok (poêle chinoise) et faites-y revenir les cubes de tofu 2 minutes jusqu'à ce qu'ils prennent couleur. Retirez-les avec une écumoire et tenez-les au chaud.

Ajoutez un peu d'huile si nécessaire et faites revenir l'oignon 2 minutes. Ajoutez les mange-tout, le poivron et faites revenir 2 minutes. Ajoutez les champignons, les germes de haricots, la marinade et laissez revenir 2 minutes.

Incorporez le tout au tofu, puis versez dans un plat de service chaud, saupoudrez de graines de sésame avant de servir.

Pour 4 personnes

Légumes en béchamel

1 chou-fleur séparé en
  bouquets
sel
2 cuillères à soupe
  d'huile
4 cuillères à soupe de
  farine complète
35 cl de lait
320 g de maïs en grains
  égoutté
2 cuillères à soupe de
  persil haché
125 g de gruyère râpé
POUR COUVRIR :
50 g de farine complète
25 g de margarine
25 g de flocons d'avoine
25 g d'amandes effilées

Faites cuire le chou-fleur à l'eau
bouillante salée 5 minutes. Égouttez-le
et mettez l'eau de cuisson de côté.

Faites chauffer l'huile dans la même
casserole et tournez la farine. Retirez du
feu, incorporez peu à peu le lait, puis
15 cl de l'eau de cuisson, portez à
ébullition et laissez cuire 3 minutes.
Ajoutez le maïs, le persil et la moitié du
fromage. Ajoutez délicatement le
chou-fleur et versez dans un plat à
gratin.

Pour couvrir, mélangez du bout des
doigts la farine et la margarine jusqu'à
ce que cela soit grumeleux. Ajoutez les
flocons d'avoine, les amandes et le reste
de fromage, répartissez sur le plat et
faites cuire 30 minutes au four (190°C).
Pour 4 personnes

✂ Tarte aux épinards

2 cuillères à soupe
  d'huile
1 gros oignon haché
2 gousses d'ail écrasées
500 g d'épinards
  décongelés et égouttés
2 œufs
1/2 cuillère à café de
  noix de muscade
  râpée
250 g de ricotta
50 g de parmesan râpé
sel et poivre
PÂTE :
250 g de farine complète
125 g de farine
175 g de margarine
3-4 cuillères à soupe
  d'eau glacée
œuf battu pour
  badigeonner

Dans l'huile chaude d'une casserole, faites revenir l'oignon. Ajoutez l'ail, les épinards et laissez revenir doucement 10 minutes. Laissez refroidir légèrement, puis ajoutez en fouettant les œufs, la muscade, les fromages ; salez, poivrez.

Pour la pâte, mélangez les farines dans une jatte et incorporez la margarine du bout des doigts jusqu'à ce que cela soit grumeleux. Ajoutez de l'eau en quantité suffisante pour obtenir une pâte ferme, puis pétrissez-la. Étalez deux tiers de la pâte en un cercle de 24 cm de diamètre que vous disposerez dans un moule à tarte, en faisant dépasser les bords.

Répartissez la garniture dans la tarte et humidifiez les bords. Étalez le reste de pâte et découpez-le en lanières de 5 mm. Disposez-les en croisillon sur la garniture et faites-les adhérer sur les bords. Badigeonnez d'œuf et faites cuire 45 à 50 minutes au four (200°). Servez chaud ou froid.

Pour 6 personnes

Crêpes provençales

PÂTE À CRÊPES :
100 g de farine de
  sarrasin*
1 pincée de sel
1 œuf battu
30 cl de lait
1 cuillère à soupe d'huile
GARNITURE :
2 cuillères à soupe
  d'huile d'olive
1 oignon haché
2 gousses d'ail écrasées
1 poivron vert ou rouge,
  haché
1 petite aubergine
  hachée
4 grosses tomates pelées
  et hachées
1 cuillère à soupe de
  concentré de tomates
sel et poivre
POUR TERMINER :
25 g de margarine
  fondue
2 cuillères à soupe de
  parmesan râpé

Mélangez la farine et le sel dans une jatte. Faites un trou au centre, incorporez l'œuf, la moitié du lait et l'huile. Battez pour que cela soit lisse, puis ajoutez le reste de lait.

Faites chauffer un peu d'huile dans une poêle à crêpes, versez 1 cuillère à soupe de pâte, tournez pour qu'elle couvre bien le fond et faites dorer des deux côtés. Posez la crêpe au chaud et faites cuire les autres. Intercalez du papier sulfurisé entre chaque crêpe.

Pour la garniture, faites chauffer l'huile dans une poêle, ajoutez et faites revenir l'oignon. Ajoutez l'ail, le poivron, l'aubergine, et laissez revenir 10 minutes, en tournant. Ajoutez le reste des ingrédients et laissez cuire 15 minutes.

Répartissez la garniture entre les crêpes, roulez-les et posez-les dans un plat à four huilé. Versez dessus la margarine et le fromage, et faites cuire 15 minutes au four (190°).

Pour 4 personnes

Boulettes aux épinards

1 cuillère à soupe d'huile
1 oignon coupé fin
1 gousse d'ail écrasée
250 g d'épinards cuits
500 g de pommes de
  terre cuites en purée
1/4 de cuillère à café de
  noix de muscade
  râpée
125 g de gruyère râpé
sel et poivre
farine complète pour
  couvrir
huile à friture

Faites chauffer l'huile dans une casserole, ajoutez et faites revenir l'oignon et l'ail. Ajoutez les épinards et les pommes de terre, la muscade, le fromage, le sel, le poivre. Séparez le mélange en 8 boules que vous aplatirez légèrement.

Mettez un peu de farine dans un sac en plastique et secouez-y successivement les 8 boules.

Plongez-les 2 minutes dans l'huile à friture chaude pour qu'elles soient bien dorées.

Pour 3 à 4 personnes

Feuilles d'épinards farcies

12 grandes feuilles
  d'épinards équeutées
sel et poivre
1 cuillère à soupe d'huile
1 oignon haché
2 gousses d'ail écrasées
250 g de champignons
  de Paris hachés
75 g de chapelure de
  pain complet
1 cuillère à soupe
  d'herbes de Provence
1 œuf battu
SAUCE :
2 jaunes d'œufs
1 cuillère à soupe de jus
  de citron

Plongez les feuilles 2 minutes dans 30 cl d'eau bouillante salée. Égouttez-les et mettez de côté l'eau de cuisson. Rincez-les sous l'eau froide, puis faites-les sécher sur du papier absorbant.

Faites chauffer l'huile dans une casserole, ajoutez et faites revenir l'oignon. Ajoutez l'ail et les champignons, laissez revenir 5 minutes. Ajoutez la chapelure, les herbes, l'œuf, salez, poivrez.

Répartissez 1 cuillère à soupe de ce mélange sur chaque feuille, repliez les bords et roulez-les.

Mettez-les dans un plat à four avec 15 cl de l'eau de cuisson, couvrez et faites cuire 45 minutes au four (190o). Gardez le jus de cuisson ; tenez les feuilles au chaud.

Pour la sauce, fouettez au bain-marie les jaunes d'œufs et le jus de citron. Ajoutez le jus de cuisson, tournez 5 minutes. Salez, poivrez, versez sur les épinards et servez.

Pour 4 personnes

Gougère aux champignons

PÂTE À CHOUX :
50 g de margarine
15 cl d'eau
65 g de farine complète
2 œufs
50 g de gruyère râpé
GARNITURE :
2 cuillères à soupe
   d'huile
1 oignon haché
250 g de champignons
   émincés
2 gousses d'ail écrasées
1 cuillère à soupe de
   farine complète
15 cl de bouillon de
   légumes
75 g de noix coupées
   gros
2 cuillères à soupe de
   persil haché
sel et poivre

Faites fondre la margarine dans une casserole, ajoutez l'eau et portez à ébullition. Ajoutez la farine en une fois et battez jusqu'à ce que la pâte se détache des bords. Laissez refroidir légèrement et incorporez les œufs un à un. Ajoutez le fromage et répartissez la pâte autour d'un plat à four beurré.

Pour la garniture, faites chauffer l'huile dans une casserole, ajoutez et faites revenir l'oignon. Ajoutez les champignons, l'ail et tournez 2 minutes. Ajoutez la farine, puis le bouillon, et portez à ébullition, tout en tournant. Laissez cuire 3 minutes, puis ajoutez les noix, sauf la valeur de 2 cuillères à soupe, le persil, salez, poivrez.

Disposez la garniture au centre du plat, saupoudrez du reste de noix et faites cuire 40 à 45 minutes au four (200°). Servez aussitôt.

Pour 4 personnes

Galette d'aubergines

2 grosses aubergines
sel et poivre
15 cl d'huile d'olive
1 oignon haché
1 gousse d'ail écrasée
500 g de tomates pelées
*   et hachées*
1 œuf
250 de ricotta ou de
*   fromage blanc*
1 cuillère à soupe de
*   graines de sésame*
*   grillées*

Coupez les aubergines en rondelles, saupoudrez-les de sel et laissez-les dégorger 1 heure. Rincez-les et essuyez-les.

Faites chauffer 2 cuillères à soupe d'huile dans une casserole, ajoutez et faites revenir l'oignon. Ajoutez l'ail et les tomates et laissez frémir, sans couvrir, 5 à 7 minutes.

Mélangez l'œuf et le fromage, salez, poivrez. Faites chauffer le reste d'huile dans une poêle, ajoutez et faites dorer les aubergines des deux côtés. Égouttez-les sur du papier absorbant.

Disposez une couche d'aubergine sur le fond et les bords d'un moule à bords hauts de 18cm de diamètre. Couvrez de la moitié des tomates, puis de la moitié du fromage. Répétez cette alternance en terminant par une couche d'aubergines. Couvrez de papier d'aluminium et faites cuire 40 à 50 minutes dans un four préchauffé à 180º.

Démoulez sur un plat de service chaud et saupoudrez de graines de sésame. Servez aussitôt.
Pour 4 personnes

Croquettes de légumes

2 cuillères à soupe
    d'huile
2 oignons hachés
1 gousse d'ail écrasée
2 carottes hachées
2 branches de céleri
    hachées
2 cuillères à café de
    curry
2 cuillères à soupe de
    persil haché
500 g de pommes de
    terre cuites en purée
sel et poivre
chapelure de pain
    complet
huile à friture

Faites chauffer l'huile dans une
casserole, ajoutez et faites revenir les
oignons. Ajoutez l'ail, les carottes, le
céleri et tournez 5 minutes. Ajoutez le
curry et tournez 1 minute.
    Mélangez le tout avec le persil et la
purée, salez et poivrez. Séparez en
8 morceaux auxquels vous donnerez la
forme de croquettes que vous couvrirez
de chapelure. Aplatissez-les légèrement
et faites-les frire 2 minutes de chaque
côté. Servez avec une sauce piquante
(page 93).
Pour 4 personnes

Natte aux épinards

3 cuillères à soupe
    d'huile
1 oignon haché
500 g d'épinards à
    moitié décongelés
1 pincée de noix de
    muscade râpée
sel et poivre
250 g de champignons
    de Paris émincés
2 gousses d'ail écrasées
pâte brisée (voir recette
    page 42)
œuf battu pour
    badigeonner
1 cuillère à soupe de
    graines de sésame

Faites chauffer 1 cuillère à soupe
d'huile dans une casserole, ajoutez
l'oignon et faites-le revenir. Ajoutez les
épinards, la muscade, salez, poivrez et
laissez cuire 5 minutes, puis versez sur
une assiette pour refroidir. Dans la
casserole faites chauffer le reste d'huile.
Ajoutez et faites revenir les
champignons et l'ail, salez, poivrez et
laissez refroidir.
    Étalez la pâte en un morceau de
30 × 35 cm. Dans le sens de la longueur
dessinez 3 sections. Humidifiez les
bords avec de l'eau. Sur les sections
extérieures, faites des incisions de 8 cm
tous les 3 cm.
    Étalez la moitié des épinards sur la
section centrale, recouvrez-les des
champignons, puis terminez par le reste
d'épinards. Pliez les lamelles de pâte sur
le centre en les alternant pour donner
l'effet d'une natte. Mettez 20 minutes au
réfrigérateur.
    Badigeonnez d'œuf, saupoudrez de
graines de sésame et faites cuire 30 à
35 minutes au four (200°).
Pour 4 à 6 personnes

Aubergines farcies

2 grosses aubergines
2 cuillères à soupe
  d'huile d'olive
1 gros oignon haché
2 gousses d'ail écrasées
3 branches de céleri
  hachées
175 g de champignons
  de Paris hachés
6 cuillères à soupe de riz
  brun cuit
50 g de noix moulues
1 cuillère à soupe de
  concentré de tomates
2 cuillères à soupe de
  persil haché
sel et poivre
75 g de gruyère râpé

Piquez à la fourchette les aubergines, coupez-les en deux et posez-les face coupée sur une plaque beurrée. Faites-les cuire 30 minutes au four (190°).

Pendant ce temps, faites chauffer l'huile dans une casserole, ajoutez et faites revenir l'oignon. Ajoutez et faites revenir l'ail et le céleri 5 minutes. Ajoutez les champignons et tournez 3 minutes. Ajoutez le riz, les noix, le concentré, le persil, salez, poivrez. Retirez du feu.

Évidez les aubergines, hachez la chair et mélangez-la avec le contenu de la casserole. Répartissez dans les aubergines, saupoudrez de fromage et faites dorer sous le gril.

Pour 4 personnes

Curry végétarien

2 cuillères à soupe
  d'huile
1 oignon émincé
2 cuillères à café de
  coriandre moulue
2 cuillères à café de
  cumin moulu
2 gousses d'ail écrasées
2 cuillères à soupe de
  gingembre râpé
400 g de tomates
15 cl d'eau
1 piment vert haché
2 pommes de terre
2 carottes émincées
75 g de gombos coupés
  en morceaux
250 g de chou-fleur
sel et poivre
2 cuillères à soupe de
  coriandre hachée

DAHL :
2 cuillères à soupe
  d'huile
1 oignon haché
2 gousses d'ail hachées
2 cuillères à café de
  garam massala
1 cuillère à café de
  curcuma
175 g de lentilles corail
60 cl d'eau
1 cuillère à soupe de
  coriandre hachée

RAÏTA AU CONCOMBRE :
1/4 de concombre
150 g de yaourt nature
paprika

OIGNON PIQUANT :
125 g d'oignons violetss
  émincés
1 cuillère à soupe de jus
  de citron
1/4 cuillère à café de
  paprika
1 pincée de Cayenne

Faites chauffer l'huile dans une grande casserole, ajoutez et faites revenir l'oignon. Ajoutez la coriandre, le cumin, l'ail, le gingembre et tournez 1 minute. Ajoutez les tomates hachées, l'eau, le piment, les pommes de terre en dés, les carottes, les gombos, le chou-fleur en bouquets, salez, poivrez, mélangez bien, couvrez et laissez cuire à feu doux 20 minutes. Ajoutez la coriandre fraîche.

Servez sur un lit de riz brun avec des poppadoms plongées quelques secondes dans de l'huile à friture chaude, pour les faire gonfler, et les accompagnements suivants.

DAHL
Faites chauffer l'huile dans une casserole, ajoutez et faites revenir l'oignon. Ajoutez l'ail, les épices et tournez 1 minute. Ajoutez le reste des ingrédients, portez à ébullition et laissez frémir 20 minutes, en tournant de temps en temps. Servez chaud.

RAÏTA AU CONCOMBRE
Râpez le concombre et égouttez-le. Mélangez avec le yaourt, salez. Servez dans une jatte, saupoudré de paprika.

OIGNON PIQUANT
Mélangez les oignons avec le jus de citron, le paprika et le piment. Laissez ainsi 1 heure, puis servez dans une jatte, saupoudré de paprika.

Pour 4 personnes

FROMAGE ET ŒUFS

Soufflé aux épinards

25 g de margarine
25 g de farine complète
15 cl de lait
3 œufs, blancs et jaunes
*   séparés*
125 g d'épinards cuits
*   hachés*
50 g de gruyère râpé
1/4 de cuillère à café de
*   noix de muscade*
*   râpée*
sel et poivre
2 cuillères à soupe de
*   parmesan râpé*

Nouez une double feuille de papier d'aluminium autour d'un moule à soufflé, en la faisant dépasser du bord de 5 cm.

Faites fondre la margarine dans une casserole, ajoutez et tournez la farine. Retirez du feu et incorporez le lait. Portez doucement à ébullition, laissez cuire 3 minutes, puis ajoutez les jaunes d'œufs, les épinards, le gruyère, la muscade, salez, poivrez.

Incorporez délicatement les blancs d'œufs battus en neige très ferme. Versez dans le moule à soufflé, saupoudrez de parmesan et faites cuire 30 à 35 minutes au four (190°). Servez aussitôt.

Pour 4 personnes

Gratin de légumes

2 cuillères à soupe
   d'huile
2 oignons émincés
1 gousse d'ail écrasée
350 g de courgettes en
   rondelles
1 cuillère à soupe de
   persil haché
1 cuillère à soupe de
   thym
sel et poivre
4 grosses tomates pelées
   et émincées
25 g de margarine
25 g de farine complète
30 cl de lait
125 g de gruyère râpé
1 cuillère à soupe de
   chapelure de pain
   complet

Faites chauffer l'huile dans une casserole, ajoutez et faites revenir l'oignon. Ajoutez l'ail, les courgettes, les herbes, salez, poivrez et laissez cuire 5 minutes, en tournant de temps en temps.

Versez la moitié de ce mélange dans un plat à four, répartissez dessus les tomates et couvrez-les du reste du mélange.

Faites fondre la margarine dans une casserole, ajoutez et tournez la farine, puis hors du feu incorporez le lait. Portez à ébullition, sans cesser de tourner, ajoutez la moitié du fromage, salez, poivrez et versez sur le plat.

Saupoudrez de chapelure et du reste de fromage. Faites cuire 30 minutes au four (180o).

Pour 4 personnes

Quiche aux brocolis

PÂTE :

125 g de farine complète
50 g de farine tamisée
75 g de margarine
50 g de gruyère râpé
1/2 cuillère à café
    d'herbes de Provence
1 jaune d'œuf
eau glacée

GARNITURE :

250 g de brocolis
2 œufs battus
15 cl de lait
125 g de gruyère râpé
sel et poivre

Dans une jatte mélangez les farines avec la margarine. Ajoutez le fromage et les herbes, puis le jaune d'œuf et de l'eau en quantité suffisante pour obtenir une pâte ferme.

Pétrissez-la légèrement, puis étalez-la et garnissez-en un moule de 20 cm de diamètre. Piquez avec une fourchette et laissez 20 minutes au frais. Couvrez de papier et de haricots, et faites cuire 10 minutes au four (200°). Reportez à vide au four 5 minutes.

Pendant ce temps, faites cuire les brocolis à l'eau bouillante salée 5 minutes. Passez-les sous l'eau froide, égouttez-les et coupez-les grossièrement.

Mélangez les œufs battus avec le lait, les trois quarts du fromage, salez, poivrez. Disposez les brocolis sur le fond de tarte, versez dessus ce mélange, saupoudrez du reste de gruyère et remettez au four 35 minutes.

Pour 4 personnes

Crêpes à la ricotta

PÂTE À CRÊPES :

125 g de farine complète

1 pincée de sel

1 œuf battu

30 cl de lait

GARNITURE :

350 g d'épinards cuits

175 g de ricotta

2 cuillères à soupe de
    parmesan râpé

1 œuf

sel et poivre

noix de muscade râpée

SAUCE :

2 cuillères à soupe
    d'huile

2 cuillères à soupe de
    farine

30 cl de lait

590 g de gruyère râpé

POUR TERMINER :

1 cuillère à soupe de
    parmesan râpé

1 cuillère à soupe de
    chapelure de pain
    complet

Préparez les crêpes comme dans la recette de la page 43.

Faites chauffer doucement les épinards dans une casserole. Laissez cuire 2 minutes, puis retirez le jus. Battez-les avec les fromages, l'œuf, salez, poivrez et ajoutez la muscade.

Répartissez ce mélange sur les crêpes, roulez-les et mettez-les dans un plat à four huilé.

Pour la sauce, faites chauffer l'huile dans une casserole, ajoutez la farine hors du feu et incorporez le lait. Portez à ébullition et tournez jusqu'à ce que cela épaississe. Hors du feu, ajoutez le fromage.

Versez sur les crêpes, saupoudrez de parmesan et de chapelure, et faites cuire 15 à 20 minutes au four (190°).

Pour 4 personnes

Omelette verte

350 g d'épinards crus
3 cuillères à soupe
    d'huile
1 oignon haché
6 œufs
2 cuillères à soupe de
    parmesan râpé
1/2 cuillère à café de
    noix de muscade
    râpée
sel et poivre

Lavez les épinards et passez-les
4 minutes dans l'eau bouillante.
Pressez-les et hachez-les.

Faites chauffer 1 cuillère à soupe
d'huile dans une casserole, ajoutez et
faites revenir l'oignon, puis mélangez
avec les épinards.

Cassez les œufs dans une jatte et
fouettez-les avec les épinards, le
fromage, la muscade, le sel, le poivre.

Faites chauffer le reste d'huile dans
une poêle de 24 cm de diamètre, versez
le mélange et tournez légèrement
jusqu'à ce que cela commence à
prendre. Laissez cuire 5 minutes, puis
retournez l'omelette sur un plat, ajoutez
un peu d'huile dans la poêle et
reportez-y l'omelette pour que l'autre
côté soit bien doré.

Pour 4 personnes

Gratin de ratatouille

6 cuillères à soupe
    d'huile d'olive
1 petite aubergine
    émincée
2 gousses d'ail écrasées
350 g de courgettes
    émincées
1 poivron rouge évidé et
    émincé
350 g de tomates pelées
    et émincées
1 cuillère à soupe de
    basilic haché
sel et poivre
500 g de pommes de
    terres cuites coupées
    en rondelles
250 g de mozzarella en
    tranches fines

Faites chauffer la moitié de l'huile dans
une casserole, ajoutez et faites dorer les
rondelles d'aubergine. Égouttez-les sur
du papier absorbant.

Versez le reste d'huile dans la
casserole et faites revenir 10 minutes
l'ail, les courgettes, le poivron, en
tournant de temps en temps. Ajoutez les
tomates, le basilic, les aubergines, salez,
poivrez et laissez frémir 10 minutes.

Disposez les pommes de terre sur le
fond d'un plat à four, couvrez-les de
ratatouille. Répartissez dessus les
tranches de fromage et faites cuire 15 à
20 minutes au four (190°).

Pour 4 personnes

Omelette espagnole

3 cuillères à soupe
   d'huile d'olive
2 oignons hachés
2 gousses d'ail écrasées
1 poivron rouge évidé et
   haché
4 œufs
sel et poivre
2 grosses pommes de
   terre cuites et
   émincées
2 cuillères à soupe de
   persil haché

Faites chauffer 2 cuillères à soupe
d'huile dans une poêle de 24 cm,
ajoutez et faites revenir les oignons.
Ajoutez l'ail, le poivron et laissez cuire
10 minutes.

Battez les œufs dans une jatte avec le
sel, le poivre, puis ajoutez-leur les
pommes de terre, le persil et le mélange
précédent.

Faites chauffer le reste d'huile dans
la poêle, versez le mélange et laissez
cuire 5 minutes, en secouant la poêle.

Passez 3 minutes sous le gril, faites
glisser l'omelette sur le plat de service
et coupez-la en portions.

Pour 4 personnes

Roulade de courgettes

25 g de margarine
500 g de courgettes
  râpées
4 œufs, blancs et jaunes
  séparés
1 cuillère à café de
  sarriette
1 cuillère à soupe de
  persil haché
sel et poivre
2 cuillères à soupe de
  parmesan râpé

GARNITURE :
2 cuillères à soupe
  d'huile
1 oignon haché
175 g de champignons
  de Paris émincés
1 cuillère à soupe de
  farine complète
12 cl de lait

Faites fondre la margarine dans une casserole, ajoutez les courgettes et tournez 7-8 minutes.

Mélangez-les dans une jatte avec les jaunes d'œufs, les herbes, salez, poivrez. Battez les blancs d'œufs en neige très ferme, incorporez-en 2 cuillères à soupe aux courgettes, puis incorporez le reste.

Versez le mélange dans un moule à roulé de 30 × 20 cm garni de papier sulfurisé beurré et faites cuire 10 à 15 minutes au four (200°).

Pendant ce temps, faites chauffer l'huile dans une casserole, ajoutez et faites revenir l'oignon. Ajoutez les champignons et laissez revenir 3 minutes. Ajoutez la farine, puis incorporez le lait, salez, poivrez et laissez frémir 3 minutes.

Saupoudrez une feuille de papier sulfurisé de parmesan, démoulez dessus le roulé, décollez le papier de cuisson. Répartissez la garniture, roulez le gâteau et servez aussitôt.

Pour 4 personnes

Tartelettes à la provençale

*1 portion de pâte brisée
(page 42)*
*1 cuillère à soupe d'huile
d'olive*
1 oignon haché
1 gousse d'ail écrasée
1 poivron rouge émincé
*175 g de courgettes
émincées*
*4 tomates pelées et
hachées*
*2 cuillères à soupe de
marjolaine et basilic
hachés*
sel et poivre
1 œuf
10 cl de crème fraîche
50 g de gruyère râpé

Étalez la pâte sur un plan de travail
fariné et garnissez-en 11 petits moules
à tarte. Piquez-les et laissez-les
20 minutes au réfrigérateur.

Faites-les cuire « à vide » 10 minutes
au four (200°). Retirez le papier et les
haricots.

Faites chauffer l'huile dans une
casserole, ajoutez et faites revenir
l'oignon. Ajoutez l'ail, le reste des
légumes, les herbes, salez, poivrez et
laissez frémir 15 minutes, puis
répartissez dans les tartelettes.

Battez ensemble l'œuf, la crème et le
fromage, salez, poivrez et répartissez sur
les tartelettes. Faites cuire 15 à
20 minutes au four (190°).

Pour 6 personnes

LÉGUMES SECS ET NOIX

✳ Quiche de tomates aux lentilles

*1 portion de pâte
  (page 54)*
*2 cuillères à soupe
  d'huile*
2 oignons hachés
*2 branches de céleri
  hachées*
1 gousse d'ail écrasée
175 g de lentilles vertes
*400 g de tomates
  hachées*
30 cl d'eau
sel et poivre
*3 cuillères à soupe de
  persil haché*
75 g de gruyère râpé
*1 cuillère à soupe de
  graines de sésame*

Étalez la pâte sur un plan de travail fariné et garnissez-en un moule de 20 cm de diamètre. Piquez et laissez 20 minutes au frais. Faites cuire « à blanc » 10-12 minutes au four (200º). Retirez le papier et les haricots, et reportez au four 5 minutes.

Pendant ce temps, faites chauffer l'huile dans une casserole, ajoutez et faites revenir l'oignon, le céleri et l'ail. Ajoutez les lentilles, les tomates, l'eau, salez, poivrez, couvrez et laissez frémir 1 heure, en tournant de temps en temps. Ajoutez le persil et répartissez dans la tarte. Saupoudrez de fromage et de graines de sésame, et reportez au four 10-15 minutes.

Pour 4 personnes

Gratin de champignons

2 cuillères à soupe
   d'huile
1 oignon haché
1 carotte hachée
2 branches de céleri
   hachées
1 gousses d'ail écrasée
250 g de lentilles corail
50 cl d'eau
2 cuillères à soupe de
   shoyu*
sel et poivre
*GARNITURE AUX
   CHAMPIGNONS :*
25 g de margarine
250 g de champignons
   émincés
2 gousses d'ail écrasées
3 cuillères à soupe de
   persil haché
POUR TERMINER :
75 g de gruyère râpé

Faites chauffer l'huile dans une casserole, ajoutez et faites revenir 10 minutes l'oignon, la carotte et le céleri. Ajoutez le reste des ingrédients, couvrez et laissez frémir 50 minutes à 1 heure, en tournant de temps en temps.

Pendant ce temps, préparez la garniture : faites fondre la margarine dans une casserole, ajoutez et tournez 2 minutes les champignons. Ajoutez l'ail, le persil, salez, poivrez et mélangez bien.

Disposez la moitié du premier mélange dans un plat à four huilé, recouvrez des champignons et terminez par le reste du premier mélange. Saupoudrez de gruyère et faites cuire 20-25 minutes au four (190º).

Pour 4 personnes

Gratin de lentilles

1 cuillère à soupe d'huile
1 oignon haché
1 carotte hachée
1 branche de céleri
* hachée*
175 g de lentilles corail
45 cl d'eau
1 gousse d'ail écrasée
sel et poivre
2 cuillères à soupe de
* chapelure de pain*
* complet*
125 g de gruyère râpé
2 cuillères à soupe de
* persil haché*
1 œuf battu
2 cuillères à soupe de
* graines de sésame*

Faites chauffer l'huile dans une casserole, ajoutez et faites revenir l'oignon. Ajoutez la carotte, le céleri, les lentilles, l'eau, l'ail, salez, poivrez, couvrez, portez à ébullition, puis laissez frémir 20 minutes ; l'eau doit être absorbée.

Ajoutez la chapelure, les trois quarts du fromage, le persil et l'œuf. Versez dans un plat à four. Saupoudrez des graines de sésame, du reste de fromage, et faites cuire 45 minutes au four (180º).

Accompagnez d'une sauce tomate (voir page 93), de pommes de terre nouvelles et d'une salade verte.

Vous pouvez aussi servir ce plat froid avec une salade verte.

Pour 6 personnes

Moussaka de lentilles

15 cl d'huile
1 oignon haché
4 branches de céleri
  hachées
1 gousse d'ail écrasée
1 boîte (400 g) de
  tomates
250 g de lentilles vertes
2 cuillères à soupe de
  shoyu*
1/4 cuillère à café de
  poivre
1 l d'eau
500 g d'aubergines en
  rondelles
sel
POUR COUVRIR :
2 œufs battus
15 cl de fromage blanc
POUR TERMINER :
2 cuillères à soupe de
  parmesan râpé

Faites chauffer 1 cuillère à soupe d'huile dans une casserole, ajoutez et faites revenir l'oignon. Ajoutez le céleri, l'ail, les tomates et leur jus, les lentilles, le shoyu, le poivre, l'eau, couvrez et laissez frémir 50 minutes.

Pendant ce temps, saupoudrez les aubergines de sel et laissez-les dégorger 1 heure dans une passoire. Essuyez-les.

Faites chauffer le reste d'huile dans une poêle, ajoutez et faites dorer des deux côtés les rondelles d'aubergines.

Répartissez le premier mélange sur le fond d'un plat à four, couvrez d'une couche d'aubergines, répétez cette alternance en terminant par des aubergines.

Mélangez les œufs et le fromage blanc, salez, poivrez et versez sur les aubergines, saupoudrez de parmesan et faites cuire 30 à 40 minutes au four (180°).

Pour 4 personnes

Ragoût à la provençale

*350 g de haricots secs
    ayant trempé une nuit*
sel et poivre
*2 cuillères à soupe
    d'huile d'olive*
2 oignons émincés
1 poivron rouge émincé
1 poivron vert émincé
2 gousses d'ail écrasées
*400 g de tomates
    hachées*
*2 cuillères à soupe de
    concentré de tomates*
*1 cuillère à café de
    marjolaine*
1 bouquet garni
50 g d'olives noires
*2 cuillères à soupe de
    persil haché*

Mettez les haricots dans une casserole et couvrez-les d'eau. Portez à ébullition, laissez bouillir 10 minutes, puis couvrez et laissez frémir 1h à 1h15, en salant à la fin. Égouttez-les et mettez de côté 30 cl du liquide de cuisson.

Faites chauffer l'huile dans une casserole, ajoutez et faites revenir les oignons. Ajoutez et faites revenir 10 minutes les poivrons et l'ail. Ajoutez les tomates, le concentré, les herbes, les haricots, le liquide, salez, poivrez, couvrez et laissez frémir 45 minutes, en ajoutant les olives dénoyautées et le bouquet de persil 5 minutes avant la fin de la cuisson. Retirez le bouquet garni.
Pour 4 personnes

Fasolia

Ce plat très répandu en Grèce se sert en légume : en lui rajoutant de l'eau, vous pouvez le servir en soupe.

4 cuillères à soupe
*   d'huile d'olive*
1 gros oignon haché
1 gousse d'ail écrasée
250 g de haricots secs
*   ayant trempé une nuit*
1 bouquet garni
1 cuillère à soupe de
*   concentré de tomates*
4 tomates pelées et
*   hachées*
50 cl d'eau
sel et poivre
2 cuillères à café de jus
*   de citron*
POUR TERMINER :
rondelles d'oignon
persil haché

Faites chauffer l'huile dans une casserole, ajoutez et faites dorer l'oignon. Ajoutez l'ail, les haricots égouttés, le bouquet garni, le concentré de tomates, les tomates, puis couvrez d'eau. Portez à ébullition et laissez bouillir 10 minutes, puis couvrez et laissez frémir 1h45, en salant et poivrant en fin de cuisson ; le liquide doit être devenu consistant. Retirez le bouquet garni.

Versez le jus de citron, rectifiez l'assaisonnement et servez sur un plat chaud. Décorez avec l'oignon et le persil.

Pour 4 personnes

Tandoori de haricots

*250 g de cornilles ayant
trempé une nuit*
2 gousses d'ail pilées
*1 cuillère à soupe de
shoyu**
*2 cuillères à café d'épices
tandoori*
*2 cuillères à soupe de
coriandre hachée*
8 ciboules hachées
2 carottes râpées
sel et poivre
huile à friture
POUR COUVRIR :
*1 cuillère à café d'épices
tandoori*
50 g de chapelure

Égouttez les haricots, mettez-les dans
une casserole, couvrez-les d'eau, portez
à ébullition et laissez bouillir
10 minutes, puis couvrez et laissez
frémir 20-25 minutes. Égouttez-les et
réduisez-les en purée.

Ajoutez le reste des ingrédients et
mélangez bien. Séparez en 8 morceaux
de forme ovale et environ 1 cm
d'épaisseur. Mélangez le tandoori et la
chapelure et couvrez-en les croquettes.
Faites revenir dans de l'huile chaude
4 minutes des deux côtés. Servez chaud.

Pour 4 personnes

Ragoût de haricots

*175 g de haricots rouges
ayant trempé une nuit*
*175 g de soissons ayant
trempé une nuit*
*2 cuillères à soupe
d'huile*
2 oignons émincés
*2 branches de céleri
hachées*
2 carottes émincées
2 gousses d'ail pilées
*1 cuillère à soupe de
farine complète*
*400 g de tomates
hachées*
*1 cuillère à soupe de
concentré de tomates*
1 bouquet garni
sel et poivre
POUR COUVRIR :
1 petit pain complet
50 g de margarine
1 gousse d'ail pilée
*1 cuillère à soupe de
persil haché*
*1 cuillère à soupe de
graines de sésame*

Égouttez les haricots, mettez-les dans
des casseroles différentes, couvrez-les
d'eau froide, portez à ébullition et
laissez bouillir 10 minutes, puis couvrez
et laissez frémir 1 heure. Égouttez-les et
mettez de côté 15 cl de liquide de
cuisson.

Faites chauffer l'huile dans une
cocotte, ajoutez et faites revenir les
oignons. Ajoutez le céleri, les carottes,
l'ail et laissez revenir 4 minutes. Ajoutez
et tournez la farine, puis ajoutez le reste
des ingrédients, ainsi que les haricots, et
le liquide de cuisson. Couvrez et laissez
cuire 1 heure au four (180°). Retirez le
bouquet garni.

Pendant ce temps, coupez le pain en
diagonale en tranches de 1 cm
d'épaisseur. Mélangez la margarine,
l'ail, le persil, et étalez ce mélange sur
un côté des tranches de pain.

Disposez-les, face non beurrée à la
surface du ragoût, saupoudrez de
graines de sésame et laissez 20 minutes
au four (200°).

Pour 4 personnes

Curry de haricots

*500 g de haricots noirs
  ayant trempé une nuit
sel
3 cuillères à soupe
  d'huile
2 oignons émincés
2 cuillères à café de
  cumin moulu
1 cuillère à café de
  garam massala
1 pincée de Cayenne
1 cm de gingembre
  haché
4 gousses d'ail pilées
400 g de tomates
3 branches de céleri
1 cuillère à café de
  cardamome
1 cuillère à soupe de
  coriandre hachée*

Égouttez les haricots, mettez-les dans une casserole, couvrez d'eau froide, portez à ébullition et laissez bouillir 10 minutes, puis couvrez et laissez frémir 1h30, en salant à la fin. Mettez de côté 30 cl de liquide de cuisson.

Faites chauffer l'huile dans une casserole, ajoutez et faites revenir les oignons. Ajoutez le cumin, le garam massala, le Cayenne, le gingembre, l'ail, et tournez 1 minute. Ajoutez le liquide de cuisson, les haricots, les tomates écrasées, le céleri haché, les graines de cardamome, salez, couvrez et laissez frémir 45 minutes. Ajoutez la coriandre fraîche. Servez avec du riz et du raïta au concombre (voir page 50).

Pour 4 personnes

Pain de noix aux lentilles

1 cuillère à soupe d'huile
1 oignon haché
1 gousse d'ail écrasée
2 branches de céleri
    hachées
175 g de lentilles vertes
50 cl d'eau
125 g de noix moulues
50 g de chapelure de
    pain complet
2 cuillères à soupe de
    persil haché
1 cuillère à soupe de
    shoyu*
1 œuf battu
sel et poivre
thym pour décorer

Faites chauffer l'huile dans une casserole, ajoutez et faites revenir l'oignon. Ajoutez l'ail, le céleri, les lentilles, l'eau, portez à ébullition, couvrez et laissez frémir 50 à 60 minutes, en tournant de temps en temps et à découvert en fin de cuisson.

Ajoutez et mélangez bien les noix, la chapelure, le persil, le shoyu, l'œuf, salez, poivrez.

Garnissez de papier huilé un moule à cake de 500 g, répartissez le mélange, couvrez de papier aluminium et faites cuire 45 à 50 minutes au four (190°).

Laissez 2 minutes dans le moule, puis démoulez sur un plat de service chaud. Décorez de thym et servez avec une sauce piquante (page 93).

Pour 6 personnes

Pain de légumes aux noisettes

2 cuillères à soupe
    d'huile
1 oignon haché
1 gousse d'ail pilée
2 branches de céleri
    hachées
1 cuillère à soupe de
    farine complète
20 cl de jus de tomate
125 g de noisettes
    grillées et moulues
2 carottes râpées
1 cuillère à soupe de
    shoyu*
2 cuillères à soupe de
    persil haché
1 œuf battu
sel et poivre

Faites chauffer l'huile dans une casserole, ajoutez et faites revenir l'oignon. Ajoutez et faites revenir 5 minutes l'ail et le céleri. Incorporez la farine, le jus de tomate, tournez jusqu'à ce que cela épaississe.

Mettez le reste des ingrédients dans une jatte, ajoutez le mélange précédent et tournez bien.

Versez dans un moule à cake de 500 g beurré, couvrez de papier aluminium et faites cuire 1 heure au four (180°).

Démoulez sur un plat de service chaud et servez avec une sauce tomate (page 93).

Pour 4 personnes

Pain aux champignons

3 cuillères à soupe
d'huile
1 oignon haché
2 branches de céleri
hachées
2 gousses d'ail écrasées
250 g de cacahuètes
moulues
125 g de chapelure de
pain complet
250 g de pommes de
terre cuites en purée
1 œuf battu
1 cuillère à soupe de
shoyu*
1 cuillère à soupe de
concentré de tomates
2 cuillères à soupe de
persil haché
sel et poivre
250 g de champignons
de Paris émincés

Faites chauffer 1 cuillère à soupe
d'huile dans une casserole, ajoutez et
faites revenir l'oignon, le céleri et l'ail.

Dans une jatte mélangez les
cacahuètes et la chapelure. Ajoutez le
mélange précédent, la purée, l'œuf, le
shoyu, le concentré de tomates, le persil,
salez, poivrez.

Faites chauffer le reste d'huile dans
une casserole, ajoutez et faites revenir
2 minutes les champignons.

Beurrez un moule à cake de 1 kg,
répartissez-y la moitié du mélange de la
jatte, puis les champignons, puis le reste
du mélange. Couvrez et faites cuire
1 heure au four (180°).

Laissez reposer 5 minutes, puis
démoulez. Décorez de coriandre et
accompagnez de sauce aux
champignons (page 93).
Pour 4 à 6 personnes

Croquettes aux noix de cajou

1 cuillère à soupe d'huile
1 oignon haché
1 branche de céleri
1 gousse d'ail pilée
75 g de champignons de
    Paris hachés
2 cuillères à café de
    coriandre moulue
2 cuillères à soupe de
    farine
15 cl d'eau
1 cuillère à soupe de
    shoyu*
125 g de noix de cajou
    moulues
125 g de chapelure
2 cuillères à soupe de
    persil haché
sel et poivre
farine complète

Faites chauffer l'huile dans une casserole, ajoutez et faites revenir l'oignon. Ajoutez et tournez 5 minutes le céleri haché, l'ail et les champignons. Tournez 1 minute la coriandre, puis incorporez la farine. Hors du feu incorporez l'eau et le shoyu. Ajoutez les noix de cajou, la chapelure, le persil, salez, poivrez. Divisez le mélange en 8 morceaux auxquels vous donnerez la forme de croquettes.

Passez-les dans la farine et faites-les revenir 2 minutes de chaque côté dans de l'huile à friture chaude.
Accompagnez de sauce tomate (page 93).
Pour 4 personnes

DESSERTS

Salade de kiwis

1 melon coupé en deux et
épépiné
2 kiwis pelés et émincés
250 g de raisins blancs
épépinés
15 g de gingembre confit
émincé
2 cuillères à soupe de
sirop de gingembre
4 cuillères à soupe de jus
de pomme

Retirez délicatement la chair du melon,
coupez-la en cubes et mélangez-les dans
une jatte avec les kiwis, les raisins et le
gingembre.

Mélangez le sirop de gingembre avec
le jus de pomme, versez sur les fruits et
servez dans des coupes individuelles.
Pour 4 personnes

Granola de pommes

500 g de pommes pelées,
   évidées et émincées
125 g de dattes hachées
30 cl de jus de pomme
1/2 cuillère à café de
   cannelle
15 cl de crème fraîche
   fouettée
75 g de granola
   (page 86)

Mettez dans une casserole les pommes, les dattes, le jus de pomme, la cannelle, couvrez et laissez cuire 10-15 minutes. Écrasez le tout à la fourchette, remettez le couvercle et laissez refroidir.

Répartissez la moitié dans 4 coupes individuelles, étalez dessus la moitié de la crème, puis les trois quarts du granola. Répétez en terminant par le granola.

Pour 4 personnes

Dessert rose

BISCUITS AUX AMANDES :
125 g de margarine
50 g de sucre roux
125 g de farine complète
50 g d'amandes
*   moulues, grillées*
25 g d'amandes hachées
FROMAGE BLANC AUX
*   FRAISES :*
2 cuillères à soupe de
*   miel liquide*
175 g de fraises
175 g de fromage blanc

Travaillez en crème la margarine et le sucre. Ajoutez la farine et les amandes moulues.

Étalez cette pâte et garnissez-en un moule de 18 × 28 cm. Piquez-la, saupoudrez des amandes hachées et pressez-les sur la pâte. Faites cuire 30-35 minutes au four (180°). Laissez refroidir légèrement, puis découpez-y 20 biscuits. Laissez refroidir complètement avant de les sortir du moule.

Passez au mixeur le miel avec la moitié des fraises. Battez le fromage ; quand il est lisse, incorporez-le au mélange précédent. Coupez les fraises en rondelles, que vous répartirez dans des coupes individuelles, sauf 4.

Répartissez le mélange dans les coupes, décorez avec les fraises et servez avec les biscuits.

Pour 4 personnes

NOTE : les biscuits se conservent dans une boîte hermétique.

Crème au whisky

25 g d'amandes hachées
25 g de flocons d'avoine
25 g de chapelure
15 cl de crème fraîche
3 cuillères à soupe de
*   whisky*
2 cuillères à soupe de
*   miel liquide*
150 g de yaourt nature

Mélangez les amandes, les flocons d'avoine, la chapelure ; posez sur une plaque à pâtisserie et faites dorer sous le gril en tournant souvent. Laissez refroidir.

Fouettez la crème, le whisky et le miel, pour qu'ils soient fermes, puis incorporez le yaourt et les amandes. Répartissez dans des coupes individuelles et laissez au réfrigérateur jusqu'au moment de servir.

Pour 6 personnes

Yaourt à la banane et à l'abricot

125 g d'abricots secs
    hachés
300 g de yaourt nature
1 banane en rondelles
1 cuillère à soupe
    d'amandes effilées
    grillées

Mélangez dans une jatte les abricots avec le yaourt, couvrez et laissez une nuit au réfrigérateur.

Ajoutez la banane dans le mélange. Répartissez dans des coupes individuelles, saupoudrez d'amandes et servez.

Pour 4 personnes

Crumble aux noisettes

175 g d'abricots secs
125 g de pruneaux
125 g de figues sèches
50 g de pommes sèches
60 cl de jus de pomme
175 g de farine complète
75 g de margarine
50 g de sucre roux
50 g de noisettes
  moulues

Mettez les fruits secs dans une jatte avec le jus de pomme et laissez mariner une nuit. Versez dans une casserole et laissez frémir 10-15 minutes. Versez dans un plat à four.

Dans une jatte mélangez la farine avec la margarine. Quand le mélange est grumeleux, ajoutez le sucre, les noisettes et versez sur les fruits. Faites cuire 25 à 30 minutes au four (200°). Accompagnez de yaourt onctueux (page 80).
Pour 6 personnes

Variante : vous pouvez remplacer les noisettes par des amandes ou de la noix de coco râpée.

Crêpes aux abricots

PÂTE À CRÊPES :
50 g de farine de
* sarrasin**
50 g de farine
1 œuf battu
30 cl de lait
1 cuillère à soupe d'huile
GARNITURE :
350 g d'abricots secs
* hachés ayant trempé*
* 2 heures*
45 cl de jus de pomme
POUR TERMINER :
2 cuillères à soupe de
* miel liquide*
25 g d'amandes effilées
* grillées*

Mettez les farines dans une jatte et faites un trou au centre. Ajoutez l'œuf, puis la moitié du lait et l'huile. Quand la pâte est lisse, ajoutez le reste de lait.

Faites chauffer 1 cuillère à café d'huile dans une poêle. Versez 1 cuillère à soupe de pâte, laissez cuire 10 secondes, puis faites cuire l'autre côté. Faites cuire le reste des crêpes.

Pour la garniture, mettez les abricots et le jus de pomme dans une casserole, couvrez et laissez cuire 10 minutes.

Répartissez la garniture sur les crêpes, roulez-les et disposez-les dans un plat à four. Faites chauffer le miel et badigeonnez-en les crêpes. Faites cuire 10-15 minutes au four (180°).
Saupoudrez d'amandes et accompagnez de yaourt onctueux (page 80).
Pour 4 personnes

Tourte aux pommes

175 g de farine complète
125 g de farine tamisée
150 g de margarine
3-4 cuillères à soupe
d'eau glacée
GARNITURE :
750 g de pommes pelées,
évidées et émincées
2 cuillères à soupe de
sucre roux
1 cuillère à café de
cannelle
4 clous de girofle
50 g de raisins secs
POUR TERMINER :
1 cuillère à soupe de
graines de sésame

Mélangez les farines dans une jatte avec la margarine. Quand le mélange est grumeleux, ajoutez de l'eau pour obtenir une pâte homogène.

Pétrissez cette pâte et partagez-la en deux. Étalez un morceau et garnissez-en un moule à tourte de 20 cm de diamètre.

Répartissez dessus en couches successives les pommes, le sucre, les épices et les raisins. Badigeonnez les bords avec de l'eau.

Étalez le reste de pâte et posez-le sur la tourte. Faites bien adhérer les bords en les pressant, faites un trou au centre et laissez 20 minutes au réfrigérateur.

Badigeonnez d'eau, saupoudrez de graines de sésame et faites cuire 30 à 40 minutes au four (200°).

Pour 6 personnes

Sablé aux dattes

PÂTE :

75 g de margarine

40 g de sucre roux

125 g de farine complète

75 g de noix de Pecan
    moulues

blanc d'œuf

1 cuillère à soupe de
    noix de Pecan
    hachées

GARNITURE :

3 cuillères à soupe de jus
    de pomme

500 g de pommes pelées
    et évidées

125 g de dattes hachées

1 cuillère à café de
    cannelle

15 cl de crème épaisse
    fouettée

Travaillez en crème la margarine et le sucre, puis ajoutez la farine et les noix moulues. Pétrissez la pâte, divisez-la en deux et étalez-la en deux cercles de 20 cm de diamètre. Badigeonnez-en un de blanc d'œuf et saupoudrez de noix hachées.

Faites cuire 10 à 15 minutes au four (190º) et coupez celui couvert de noix en 8 portions, pendant qu'il est encore chaud. Laissez refroidir.

Dans une casserole couverte, faites cuire doucement le jus de pomme avec les pommes, environ 10 minutes, en tournant de temps en temps. Ajoutez les dattes, la cannelle, couvrez et laissez refroidir.

Étalez ce mélange sur le cercle de pâte, couvrez de crème et couvrez avec les 8 triangles.

Pour 8 personnes

Yaourt onctueux

2 blancs d'œufs
3 cuillères à soupe de
*   miel liquide*
300 g de yaourt nature

Battez les blancs d'œufs en neige très ferme, puis battez-y le miel. Incorporez délicatement dans le yaourt et servez aussitôt.

Pour environ 45 cl

Charlotte aux fruits rouges

500 g de mûres et cassis
*   mélangés*
3 cuillères à soupe de
*   miel liquide*
125 g de framboises
125 g de fraises
8 tranches de pain
*   complet, sans la*
*   croûte*

Mettez les mûres, les cassis et le miel dans une casserole, et faites cuire à feu doux 10-15 minutes, en tournant de temps en temps. Ajoutez les framboises et les fraises, et laissez refroidir. Filtrez le jus de cuisson et mettez-le de côté.

Coupez 3 cercles de pain pour garnir le fond, le milieu et le haut d'un moule à charlotte ; le reste garnira les bords du moule. Faites tremper le pain dans le jus de cuisson.

Disposez le cercle sur le fond du moule, puis disposez le pain sur les bords. Versez la moitié des fruits, couvrez d'un cercle de pain, versez le reste de fruits que vous couvrirez du dernier cercle de pain. Pliez vers le centre le pain qui dépasse.

Couvrez d'une petite assiette et posez dessus un poids. Laissez une nuit au frais.

Démoulez sur un plat et accompagnez de yaourt onctueux (voir ci-dessus).

Pour 8 personnes

Crème de noix de cajou

125 g de noix de cajou
15 cl de lait

Passez le tout au mixeur, puis mettez à glacer au réfrigérateur.

Pour environ 15 cl de crème

PAINS

Croquants aux noix de cajou

125 g de margarine
10 cl de miel liquide
*250 g de flocons
   d'avoine*
*50 g de noix de cajou
   hachées*

Placez la margarine et le miel dans une poêle ; faites-les fondre à feu doux. Retirez du feu et incorporez le reste des ingrédients. Versez dans un moule beurré de 18 × 28 cm ; égalisez le dessus.

Faites cuire au four (180°) 25 à 30 minutes. Laissez tiédir 2 minutes, puis découpez les croquants. Laissez refroidir complètement avant de démouler.

Pour 20 croquants

Biscuits au muesli

125 g de beurre
10 cl de miel liquide
350 g de muesli
2 cuillères à soupe de
   graines de tournesol

Faites fondre doucement dans une casserole le beurre et le miel. Retirez du feu et incorporez le reste des ingrédients.

Déposez des cuillères de cette pâte sur des tôles beurrées légèrement, en les espaçant bien. Faites dorer au four (190°) 10 à 12 minutes. Attendez 3 minutes avant de décoller les biscuits avec une palette ; laissez-les refroidir sur les tôles.

Pour 16 biscuits

Cake aux abricots

125 g de muesli
50 g de sucre roux
75 g d'abricots secs
   hachés
30 cl de jus de pomme
125 g de farine complète
2 cuillères à café de
   levure chimique
50 g de noisettes hachées

Mettez dans une jatte le muesli, le sucre, les abricots, le jus de pomme, et laissez mariner 1 heure.

Ajoutez la farine, la levure, les noisettes (sauf 1 cuillère à soupe), et battez vigoureusement.

Versez dans un moule à cake beurré de 500 g, saupoudrez du reste de noisettes et faites cuire 55 à 60 minutes au four (180°).

Démoulez sur une grille. Coupez en tranches pour servir.

Pour un cake de 500 g

Gâteau aux pruneaux

125 g de pruneaux
    hachés
125 g de figues sèches
    hachées
15 cl de jus de pomme
10 cl de miel liquide
10 cl d'huile de maïs
2 œufs battus
150 g de farine complète
1 pincée de sel
1 cuillère à café de
    cannelle
1 pincée de noix de
    muscade
10 cl de yaourt nature
25 g de noix hachées

Mettez les pruneaux et les figues dans une casserole avec le jus de pomme, couvrez et faites frémir 10 minutes. Laissez refroidir. Ajoutez et mélangez le reste des ingrédients, sauf les noix.

Versez dans un moule à bords hauts de 20 cm de diamètre beurré, et saupoudrez des noix. Faites cuire 55 minutes au four (180°). Laissez refroidir 2 minutes dans le moule, puis démoulez sur une grille et laissez refroidir.

Pour un gâteau de 20 cm

Granola

12 cl d'huile de
  carthame
10 cl d'extrait de malt
10 cl de miel liquide
500 g de flocons
  d'avoine
125 g de noisettes
25 g de noix de coco
  râpée
50 g de graines de
  tournesol
25 g de graines de
  sésame

Faites fondre à feu doux l'huile, le malt et le miel. Incorporez le reste des ingrédients.

Versez dans une grande poêle et faites cuire 30-35 minutes au four (190o), en tournant. Laissez refroidir, puis séparez en morceaux à conserver dans un récipient hermétique.

Pour 1 kg de granola

Pain au malt

250 g de blé concassé
300 g de farine complète
1 cuillère à café de sel
15 g de levure de
  boulanger
30 cl d'eau chaude
1 cuillère à soupe
  d'extrait de malt
1 cuillère à soupe d'huile
blé concassé pour
  saupoudrer

Mélangez le blé, la farine et le sel dans une jatte. Délayez la levure dans un peu d'eau. Quand elle mousse, ajoutez-la à la farine avec le reste d'eau, le malt et l'huile.

Pétrissez la pâte 5 minutes et laissez-la au chaud, couverte d'un linge humide, jusqu'à ce qu'elle double de volume.

Pétrissez-la quelques minutes et donnez-lui la forme d'un cercle de 18 cm que vous aplatirez légèrement. Posez-la sur une plaque beurrée, badigeonnez-la d'eau et saupoudrez de blé. Couvrez et laissez doubler de volume au chaud, environ 30 minutes.

Faites cuire 25 à 30 minutes au four (220o) ; le pain doit sonner creux. Laissez refroidir sur une grille.

Pour 1 miche de pain

Petits pains : divisez la pâte levée en 10 morceaux et procédez comme ci-dessus.

Pain complet

1,5 kg de farine complète
1 cuillère à soupe de sel
25 g de levure de boulanger
90 cl d'eau chaude
2 cuillères à soupe de malt
2 cuillères à soupe d'huile
1 cuillère à soupe de graines de sésame

Tamisez la farine et le sel dans une jatte. Délayez la levure dans un peu d'eau et laissez-la devenir mousseuse.

Ajoutez-la à la farine avec le reste d'eau, le malt, l'huile, et mélangez jusqu'à ce que la pâte soit homogène.

Pétrissez-la sur un plan de travail fariné 10 minutes. Mettez-la dans une jatte, couverte d'un linge humide, et laissez-la doubler de volume dans un endroit chaud (environ 2 heures).

Pétrissez-la quelques minutes sur un plan de travail fariné, puis séparez-la en deux morceaux que vous disposerez dans des moules à cake beurrés de 1 kg. Badigeonnez d'eau, saupoudrez de graines de sésame.

Couvrez d'un linge et laissez lever, environ 30 minutes, jusqu'à ce que la pâte atteigne les bords du moule. Faites cuire 15 minutes au four à 220° puis 25 minutes à 190°. Démoulez sur une grille et laissez refroidir.

Pour 2 pains de 1 kg

Petits pains complets : utilisez la moitié de la pâte en remplaçant l'eau par du lait chaud. Divisez la pâte en 12 morceaux que vous étalerez en cercles de 10 cm de diamètre. Saupoudrez de graines de sésame ou de farine. Couvrez et laissez doubler de volume. Faites cuire 15 minutes au four (220°). Laissez refroidir sur une grille.

Petits biscuits au sésame

175 g de farine complète
1 pincée de sel
50 g de flocons d'avoine
1 cuillère à café de
  levure chimique
75 g de margarine
1 cuillère à soupe de
  malt
2 cuillères à soupe de lait
25 g de graines de
  sésame

Mettez la farine, le sel et les flocons d'avoine dans une jatte et ajoutez la levure. Incorporez la margarine.

Fouettez ensemble le malt et le lait, puis incorporez-les dans la jatte ainsi que les graines de sésame.

Étalez la pâte obtenue en une mince épaisseur et découpez-y des cercles de 6 cm de diamètre.

Posez-les sur une plaque à pâtisserie et faites-les cuire 12-15 minutes au four (190°). Laissez-les refroidir sur une grille. Servez avec du fromage.
Pour 20 à 24 biscuits

Pain de seigle

250 g de farine de seigle
500 g de farine complète
2 cuillères à café de sel
fin de mer
15 g de levure de
boulanger
45 cl d'eau chaude
2 cuillères à soupe
d'huile
lait pour badigeonner
1 cuillère à café de
graines de carvi

Mélangez les farines et le sel dans une jatte. Délayez la levure dans un peu d'eau. Quand elle est mousseuse, ajoutez-la à la farine avec le reste d'eau, l'huile, et mélangez pour obtenir une pâte lisse.

Pétrissez-la 5 minutes. Couvrez-la d'un linge humide et laissez-la doubler de volume (environ 2 heures).

Pétrissez-la quelques minutes et séparez-la en 2 morceaux ovales que vous poserez sur des plaques beurrées. Piquez-les et laissez-les doubler de volume (environ 30 minutes) au chaud.

Badigeonnez-les de lait, saupoudrez de graines de carvi et faites cuire 10 minutes au four à 220°, puis 30 minutes à 190°. Laissez refroidir sur une grille.

Pour 2 pains

Natte au sarrasin : remplacez le seigle par de la farine de sarrasin.

Coupez la pâte en 2, puis chaque morceau en 3 portions égales. Donnez à chaque morceau la forme d'un long boudin. Humidifiez l'extrémité de 3 boudins avec de l'eau, pressez-les ensemble, puis tressez-les comme une natte, humidifiez les autres extrémités et pressez-les. Faites la même chose avec les 3 autres. Saupoudrez les nattes de farine de sarrasin.

Laissez doubler de volume (environ 30 minutes), au chaud. Faites cuire 10 minutes au four à 220°, puis 20 minutes à 190°. Laissez refroidir sur une grille.

SAUCES

Sauce au shoyu

20 cl d'huile
2 cuillères à soupe de
    shoyu*
2 gousses d'ail
poivre

Mélangez dans un récipient fermé tous les ingrédients.
Pour 30 cl de sauce

Sauce shoyu au gingembre : ajoutez 2 cm de racine de gingembre hachée.

Vinaigrette

20 cl d'huile d'olive
4 cuillères à soupe de
    vinaigre
1 cuillère à café de
    moutarde
1 gousse d'ail pilée
sel et poivre

Mélangez dans un récipient fermé tous les ingrédients.
Pour 20 cl de vinaigrette

Vinaigrette aux fines herbes : ajoutez 2 cuillères à soupe de fines herbes hachées, comme persil, cerfeuil, ciboulette.

Sauce aux herbes

25 g de persil
15 g de menthe
15 g de ciboulette
3 feuilles d'oseille
    hachées
150 g de yaourt nature
2 cuillères à soupe
    d'huile d'olive
le jus de 1/2 citron
1/2 cuillère à café de sel
1/4 de cuillère à café de
    poivre

Équeutez le persil et la menthe. Passez-les au mixeur avec le reste des ingrédients.
   Cette sauce se conservera bien une semaine au réfrigérateur. Secouez-la vigoureusement avant chaque utilisation.
Pour 30 cl de sauce

Sauce tomate

2 cuillères à soupe
  d'huile d'olive
1 oignon haché
1 gousse d'ail pilée
500 g de tomates pelées
  et hachées
15 cl de bouillon
2 cuillères à café de
  concentré de tomates
1 feuille de laurier
sel et poivre

Faites chauffer l'huile dans une casserole, ajoutez et faites revenir 5 minutes l'oignon. Ajoutez le reste des ingrédients, couvrez et laissez frémir 20 minutes, en tournant.

Laissez refroidir légèrement, retirez le laurier et passez au mixeur. Réchauffez avant de servir.

Pour 35 cl de sauce

Sauce aux champignons

2 cuillères à soupe
  d'huile
1 oignon haché
1 gousse d'ail pilée
125 g de champignons
  de Paris hachés
1 cuillère à soupe de
  farine complète
20 cl de bouillon
20 cl de lait
2 cuillères à café de
  shoyu*
sel et poivre

Faites chauffer l'huile dans une casserole et faites revenir l'oignon. Ajoutez et faites revenir 2 minutes l'ail et les champignons. Ajoutez la farine, hors du feu incorporez le bouillon et le lait. Portez à ébullition et tournez 3 minutes. Ajoutez le shoyu, salez et poivrez.

Laissez refroidir légèrement avant de passer au mixeur.

Pour 45 cl de sauce

Sauce piquante

150 g de yaourt nature
1 cuillère à café de
  concentré de tomates
1/2 cuillère à café de
  cumin moulu
1 cuillère à café de
  coriandre moulue

Mélangez tous les ingrédients dans une petite jatte.

Pour 15 cl de sauce

INDEX

REMERCIEMENTS

Illustrations de Roger Phillips
Plats préparés par Carole Handslip
Styliste : Gina Carminati